Tülin Inalöz

"Erwartungsstrukturen"

Mit der soziologischen Betrachtung des Problems der "doppelten Kontingenz", sowie die Erörterung der Lösung mithilfe der sozialen Systeme Luhmanns

GRIN Verlag

Bibliografische Information der Deutschen Nationalbibliothek:

Die Deutsche Bibliothek verzeichnet diese Publikation in der Deutschen National-
bibliografie; detaillierte bibliografische Daten sind im Internet über http://dnb.d-
nb.de/ abrufbar.

Impressum:

Copyright © 2011 GRIN Verlag GmbH
Druck und Bindung: Books on Demand GmbH, Norderstedt Germany
ISBN: 978-3-656-58284-7

Dieses Buch bei GRIN:

http://www.grin.com/de/e-book/267456/erwartungsstrukturen

GRIN - Your knowledge has value

Der GRIN Verlag publiziert seit 1998 wissenschaftliche Arbeiten von Studenten,
Hochschullehrern und anderen Akademikern als eBook und gedrucktes Buch. Die
Verlagswebsite www.grin.com ist die ideale Plattform zur Veröffentlichung von
Hausarbeiten, Abschlussarbeiten, wissenschaftlichen Aufsätzen, Dissertationen
und Fachbüchern.

Besuchen Sie uns im Internet:

http://www.grin.com/

http://www.facebook.com/grincom

http://www.twitter.com/grin_com

UNIVERSITÄT BIELEFELD

FAKULTÄT FÜR SOZIOLOGIE

LEHR- UND FORSCHUNGSGEBIET

POLITIKWISSENSCHAFT

EINFÜHRUNG IN DIE SOZIOLOGIE

DES POLITISCHEN SYSTEMS

Tülin Inalöz

03.10.11

„Erwartungsstrukturen"

Mit der soziologischen Betrachtung des Problems der „doppelten Kontingenz", sowie die Erörterung der Lösung mithilfe der sozialen Systeme Luhmanns.

„Erwartungsstrukturen"

Mit der soziologischen Betrachtung des Problems der „doppelten Kontingenz", sowie die Erörterung der Lösung mithilfe der sozialen Systeme Luhmanns.

Mein Untersuchungsfeld sind Niklas Luhmanns Ursprünge des freigesetzten eigentümlichen Ordnungsbedarfs, die durch Recht befriedigt werden. Dies stellt zugleich die Grundlage elementarer rechtsbildender Strukturen und Prozesse dar. Aufgrund der Komplexität des Problembereichs wird die Thematik in mehrere Abschnitte unterteilt. Ich werde die Problematik sinnorientierten menschlichen Zusammenlebens mit den Begriffen Kontingenz, doppelte Kontingenz und Komplexität und, wie die darin liegende Überlastung durch Bildung von Erwartungsstrukturen abgefangen wird, erläutern. Zusätzlich werde ich mich mithilfe der Lektüre Niklas Luhmanns „Soziale Systeme, Grundriß einer allgemeinen Theorie" 1984 mit einer interessanten Fragestellung beschäftigen. Ich möchte herausfinden, worin das Problem der doppelten Kontingenz besteht und was genau darunter zu verstehen ist. Darauf aufbauend will ich untersuchen auf welche Weise soziale Systeme bei Luhmann eine Lösung für die Thematik der doppelten Kontingenz darstellen.

Komplexität, Kontingenz und Erwartungen von Erwartungen

Zunächst möchte ich Komplexität, Kontingenz (doppelte Kontingenz) und Erwartungen von Erwartungen nach dem Begriffsverständnis von Niklas Luhmann näher erläutern. Unter der Komplexität soll man verstehen, dass es immer mehr Möglichkeiten und Alternativen gibt, als aktualisiert werden kann. Außerdem führt Komplexität zum Selektionszwang. Unter Kontingenz soll man verstehen, dass die angezeigten Möglichkeiten auch anders ausfallen können als erwartet wurde. Bei Kontingenz muss die Enttäuschungsgefahr und die Notwendigkeit des „Sicheinlassens" auf Risiken berücksichtigt werden. Im Erleben erscheinen Komplexität und Kontingenz als „die Welt" und die relativ enttäuschungsfesten Selektionen erscheinen als Sinn, dessen Identität festgehalten werden kann, und die Erwartungen daran festgelegt werden können. In dieser Welt gibt es aber auch andere Menschen, die als „ichgleiche" Quelle ursprünglichen Handelns und Erlebens als „alter ego" fungieren und somit in meinen Blickwinkel kommen. Dadurch kommt das Element der „Unruhe" in die Welt. Denn gerade dadurch wird die volle Komplexität und Kontingenz hervorgebracht. Die Möglichkeiten, die andere Menschen wahrnehmen können, zeigt mir zusätzliche mögliche Alternativen an Handlungen, indem man selbst erlebt, wie andere Menschen erleben. Dieses bringt aber auch den Vorteil mit sich, dass ich die Möglichkeit habe Perspektiven anderer zu gewinnen, ohne die Handlungen selbst zu durchleben. Ein weiterer Vorteil ist die Steigerung der Selektivität des Wahrnehmens. Allerdings bringt die Möglichkeit den Blickwinkel anderer zu gewinnen auch Nachteile mit sich. Die andere Person kann sich auch irren beziehungsweise täuschen. Außerdem ist jede Übernahme fremder Perspektiven unzuverlässig und riskant. Die Bedingung für die Übernahme anderer Perspektiven ist, dass man die andere Person als ein anderes Ich aufnimmt. Denn nur dann ist die Gewähr vorhanden, dass das Erlebnis identisch ist, wobei man einkalkulieren sollte, dass der Gegenüber ebenso uneingeschränkt handeln kann wie man selbst.

Einfache und doppelte Kontingenz

Gegenüber der einfachen Kontingenz bilden sich enttäuschungsfeste und stabilisierende Erwartungsstrukturen. Ein Beispiel wäre, dass auf den Sommer der Herbst folgt oder, dass das Jahr 12 Monate hat. Bei der doppelten Kontingenz jedoch, bilden sich kompliziertere und voraussetzungsvollere Erwartungsstrukturen, nämlich Erwartungen von Erwartungen. Wichtig ist, dass man bedenken sollte, dass die anderen Individuen aus einer Vielzahl von möglichen Handlungsalternativen wählen. Diese Auswahl wird durch die Erwartungsstrukturen des anderen vollzogen. Somit muss man nicht nur die Handlung, sondern auch die Erwartung des Gegenübers erwarten können. Erwartungserwartungen müssen adressiert werden an eine bestimmte Person oder an eine Gruppe. Um gute Problemlösungen zu finden, muss man die Erwartungen des anderen erwarten können. Für den Fall, dass die Komplexität der sozialen Systeme steigt oder Problemsituationen sich vermehren, müssen Verkürzungen, Vereinfachungen, Entlastungen geschaffen werden (entweder auf psychischer Art oder auf sozialer Art). Psychische Systeme rufen den Eindruck hervor ihre Vereinheitlichung vor allem auf den Umstand zu stützen, sodass das Erwarten fremder Erwartungen als ein Abkommen mit sich selbst ausgeführt werden kann. Soziale Systeme wenden einen anderen Reduktionsstil an. Sie festigen objektive, gültige Erwartungen, nach denen man sich richtet. Ein Beispiel wäre: „die Universitätsbibliothek hat täglich (Mo-Fr) von 9-22 Uhr geöffnet". Diese Regel ist anonym und ins Unpersönliche abgehoben, dadurch regeln wir Erwartungen von Erwartungen. Durch solche Regeln gewinnen wir eine Erwartungssicherheit und haben die Möglichkeit Verhalten zu berechnen. Dadurch wird die Vereinheitlichung der Erwartungen ermöglicht. Bei der Erwartungssicherheit geht es primär um das Verhalten anderer als um unser eigenes. Außerdem erübrigt die Orientierung an der Regel die Orientierung an den Erwartungen. Zudem verringert sich das Fehlerrisiko des Erwartens. Letztlich entlastet die Regel das Bewusstsein in Komplexität und Kontingenz und schafft eine Grundlage wechselseitiger Verständigung ohne Missverständnisse.

Kognitive und normative Erwartungen

„Der Bezug auf Komplexität und Kontingenz des Erlebnisfeldes gibt konkreten Erwartungen und erst recht den sie regelnden und integrierenden Abstraktionen die Funktion einer Struktur" (1972, S. 40). Durch diese Funktion sollte der Begriff der Struktur näher erörtert werden. Struktur könnte mit einem Attribut umschrieben werden, nämlich mit der relativen Konstanz, jedoch wäre diese Beschreibung zu unpräzise. An dieser Stelle geht Luhmann der interessanten Frage nach, wozu relative Konstanzen benötigt werden. Die wichtige Funktion der Struktur ist die Selektivitätsverstärkung durch die doppelte Selektivität. Dies ist so wichtig, da es in einer hochkomplexen und kontingenten Welt von Interesse ist, wenn man Selektionsschritte aufeinander bezieht. Im alltäglichen Kommunikationshergang wählt jemand aus einer Menge von Möglichkeiten ein Gedankengut und der Empfänger behandelt das Mitgeteilte nicht mehr als eine Selektion, sondern als ein Faktum beziehungsweise als eine Prämisse seiner Selektion. Dadurch wird der Einzelne aus der Situation herausgebracht, Handlungsmöglichkeiten selbst zu ermitteln und abzuwägen. Dieser Entlastungseffekt verstärkt sich dadurch, dass eine Selektion auf die andere Selektion anknüpft. „Sie wählen zunächst das Wählbare. Sie transformieren das beliebige ins Faßbare, das Weitere ins Engere"(1972, S. 40). Die eigene Auswahlbegrenzung beruht zunächst nur auf die „Abblendung von Alternativen". Durch die Vorselektion, wird es überflüssig die strukturierten Auslegungen zu erläutern. Luhmann meint, dass es nicht selbstverständlich ist, dass die täglichen Entscheidungen gut durchdacht aus einer Vielzahl von Möglichkeiten ausgewählt werden. Auch wenn, die Selektion unbewusst vollzogen wird, ist es trotz dessen eine Selektion. Das Enttäuschungsproblem gehört mithin zu den Beschränkungen aller Strukturen, aber nicht im Sinne einer Mangelhaftigkeit des Wissens oder einer Böswilligkeit des Menschen, es wird hier eher eine Problemspezifikation mitinbegriffen. Es besteht aber immer die Möglichkeit die enttäuschten Erwartungen zu ändern und der Wirklichkeit anzupassen. So die kognitiven Erwartungen. Denn im Falle einer Enttäuschung, werden die Erwartungen an die Wirklichkeit angepasst. Anders ist es bei normativen Erwartungen. Ein Beispiel, um den Unterschied zwischen kognitiven und normativen Erwartungen zu verdeutlichen wäre, wenn man eine Messehostess einstellen möchte, kognitiv erwartet, dass sie hübsch und schlank ist, normativ erwartet man gewisse Leistungen wie Pünktlichkeit, Freundlichkeit und ein diszipliniertes Arbeiten. Im Falle, dass die kognitiven Erwartungen enttäuscht werden, also eine nicht-schlanke Messehostess auftritt, können wir die enttäuschten Erwartungen an die Realität anpassen, schwieriger ist die Lösung der normativen Erwartungen. Doch gibt es auch Fälle, in denen man gar nicht mit Enttäuschungen rechnet. Sollte man zum Beispiel auf die Frage: „Wann findet unsere Vorlesung statt?" mit „Morgen wird ein sonniger Tag" antworten, wird der Gegenüber sicher irritiert sein. Zudem gibt es beispielsweise in unserem Kulturkreis selbstverständliche Lebensregeln. Eine davon besagt, dass man in Anwesenheit anderer (im Zug, Wartezimmer) nicht dösen sollte, sondern immer beschäftigt sein sollte. Es ist zwar keine Norm, aber gegenteiliges Verhalten wirkt ungewöhnlich. Zu häufiges Wiederholen solcher Verhalten, also ungewöhnliche Antworten auf Fragen oder missachten der selbstverständlichen Lebensregeln in den jeweiligen Kulturkreisen führt dazu, dass man die Person als geisteskrank ansieht. Dies veranschaulicht, dass man Erwartungsverstoße wie Wahrheitsverstoße behandelt. Daraus ergibt sich der für Niklas Luhmann eindeutige Beweis, dass man zwischen kognitiven und normative Erwartungsstil keine klare Trennlinie ziehen und somit die beiden Begriffe nicht deutlich voneinander trennen kann.

Das soziologische Problem der doppelten Kontingenz

Bei diesem soziologischen Problem, der doppelten Kontingenz, geht Luhmann zunächst von einer einfachen Situation aus, in der sich zwei Personen beziehungsweise Akteure begegnen. Das, was ich hier als „Akteur" bezeichne, ist bei Luhmann als „psychisches System" zu verstehen. Diese sind, wie auch die „sozialen Systeme" autopoietisch organisiert. Das heißt, die Systeme können sich „selbst herstellen", also ähnlich der Autogenese. Luhmann definiert den Begriff Autopoiesis folgendermaßen: „Autopoiesis heißt, für das System selbst unbeendbares Weiterlaufen der Produktion von Elementen des Systems durch Elemente des Systems."(1988, S.71). Zurück zu der Situation, in der sich zwei Akteure begegnen. Diese Konstellation ist problematisch und kompliziert, da beide, also „Alter" und „Ego" ihr Handeln von der Handlung des Anderen abhängig machen und ihre Wahlmöglichkeit des Handelns erst dann entscheiden wollen, wenn es einen Anknüpfungspunkt an das Verhalten des jeweils Anderen gibt. Zusätzlich kompliziert wird die Situation noch dadurch, dass sie kontingent ist, also undurchsichtig und unberechenbar. Nach Luhmann bedeutet Kontingenz „auch anders möglich sein" (Luhmann 1984; S. 47). Das bedeutet auch Risiko in dieser Situation, da keiner der beiden Personen erahnen kann, wie der jeweils andere agieren oder reagieren wird. Das Problem besteht zunächst darin, dass Kommunikationen unter diesen Bedingungen unmöglich sind. Die Erschwerung des Problems entsteht teils deshalb, weil die Akteure ihre Handlungswahl von dem jeweils anderen Akteur abhängig machen. Dies führt dazu, dass keiner der beiden den Beginn der Interaktion durchführen kann und möchte. Beide warten darauf, dass der jeweils Gegenüber ein Verhalten zum Ausdruck bringt. Luhmanns Ausgangspunkt ist weniger dieses anschauliche und reale Problem, als eine mentale „gedachte" Problematik. „Alter" und „Ego" denken dem Entgegen nämlich, dass ihr eigenes Verhalten nicht autonom ist, sondern von der Handlungsweise des anderen Akteurs abhängt. Der eigentliche Kern der Problematik liegt darin, dass das Voraussehen des Verhaltens oder der Handlung des Gegenüber unmöglich ist. Das heißt, wir haben nicht die Möglichkeit herauszufinden, mit welcher Wahrscheinlichkeit der andere Akteur welche Handlung vollziehen wird. „Zu einem Akutwerden doppelter Kontingenz genügt jedoch nicht die bloße Faktizität der Begegnung; zu einem motivierenden Problem der doppelten Kontingenz (und damit der Konstitution sozialer Systeme) kommt es nur, wenn diese Systeme in spezifischer Weise erlebt und behandelt werden: nämlich als unendlich offene, in ihrem Grunde dem fremden Zugriff entzogene Möglichkeiten der Sinnbestimmung" (1984: 151–152). Somit stehen beide Akteure sich gegenüber und handeln nicht. Nun die interessante Frage; Wie kommt es überhaupt zu einer Handlung, wenn „Alter" und „Ego" sich unter solchen Bedingungen befinden?

Zuallererst müssen die Akteure sich im Klaren sein, dass sie sich in einer solch problematisch komplexen Situation befinden. Um aus dem Zustand der Doppelkontingenz herauszukommen, muss eine Neugier an der Erwiderung des Gegenüber vorhanden sein. Kein soziales System käme in Gang, wenn derjenige, der mit der Kommunikation beginnt, nicht wissen kann oder sich nicht dafür interessieren würde, ob sein Partner darauf positiv oder negativ reagiert (1984, S.160). Welche Handlungsalternative gewählt wird, hat an dieser Stelle weniger Bedeutung. Für Luhmann ist jede Gelegenheit, aus welcher Motivation heraus auch immer, konstruktiv für die Systembildung.

Auf welche Weise sind soziale Systeme bei Luhmann eine Lösung der doppelten Kontingenz?

Nach der Analyse des Problems, werden nun die möglichen Lösungsvorschläge nach Luhmann vorgestellt. Ein erster Vorschlag wurde bereits kurz angeschlagen. Einer der beiden Akteure muss agieren. Denn nach Luhmann erzeugt die doppelte Kontingenz Aktionsdruck (vgl. 1984, S.162). „Alter" macht versuchsweise den ersten Schritt und vollzieht eine Handlung, mit der Erwartung, dass „Ego" diese Situation annimmt. Die Handlung von „Alter" kann auch einfach nur eine Geste oder eine Mimik sein. Je nachdem wie „Ego" nun darauf reagiert, wird dies „Alter" in seinen zukünftigen Erwartungen prägen. Ob positiv oder negativ, hängt mit der jeweiligen Reaktion des Anderen zusammen. Diese Situation kann Kontingenz reduzieren, wenn durch Lernen kontingenzreduzierende Erwartungen aufgebaut werden. Diese Erwartungsbildung führt zur begehrten und erzielten Erwartungssicherheit der Akteure. Durch den Aufbau der stabilen Erwartungssicherheit, wird der Akteur in Zukunft die komplizierte Situation der doppelten Kontingenz umgehen, denn „Man verzichtet nicht auf die Erwartung eines soliden, begehbaren Bodens, wenn man einmal ausrutscht!" (1972, S. 32). Also muss man um das Problem der doppelten Kontingenz zu lösen mindestens einen der

Akteure in ihrer Erwartungssicherheit motivieren und die Bildung von Erwartungen von Erwartungen voraussetzen.

Zusammenfassend lässt sich sagen, dass die Ungewissheit in der Handlung im Hinblick auf die Erwartungen anderer Personen dazu führt, dass das soziale Handeln unmöglich wird. Jedoch bringen solide Handlungserwartungen und Orientierungen ein Grundgerüst hervor, welche als Basis für soziales Verhalten fungieren.

Literaturliste und Quellen

Luhmann, N., 1972: Rechtssoziologie. Rowohlt.

Luhmann, N., 1984: Soziale Systeme. Grundriß einer allgemeinen Theorie. Frankfurt/Main: Suhrkamp.

http://www.zfs-online.org/index.php/zfs/article/viewFile/2762/2299

http://lt.accb.de/?Duale+Narration+und+dualnarratives+Denken&nr=15

http://www.hyperkommunikation.ch/lexikon/doppelte_kontingenz.htm

http://www.scribd.com/doc/18951595/Luhmann-Niklas-Die-Wirtschaft-Der-Gesellschaft